WHATSAPP MARKETING

Estratégias práticas para alavancar seu negócio no Whatsapp

© Copyright – Todos os direitos reservados.

De nenhuma forma é legal reproduzir, duplicar ou transmitir qualquer parte deste documento, tanto em meios eletrônicos como impressos. A gravação desta publicação é estritamente proibida e não é permitido qualquer armazenamento deste documento, a menos que haja permissão por escrito por parte do editor. Todos os direitos reservados.

As informações contidas neste documento são declaradas como verdadeiras e consistentes, sendo que qualquer responsabilidade em termos de desatenção ou de outro motivo, por qualquer uso ou abuso de quaisquer políticas, processos ou instruções aqui contidos é de responsabilidade única e exclusiva do leitor. Sob nenhuma circunstância, qualquer responsabilidade legal ou culpa será imposta ao editor, referente a qualquer tipo de reparação, dano ou perda monetária causados por informações aqui contidas, direta ou indiretamente.

Os respectivos autores são os proprietários de todos os direitos não detidos pelo editor.

Aviso Legal

Este livro é protegido por direitos autorais, sendo exclusivamente destinado para uso pessoal. Você não pode alterar, distribuir, vender, usar, citar ou parafrasear qualquer parte ou o conteúdo deste livro sem o consentimento do autor ou do proprietário dos direitos autorais. Ações legais serão tomadas em caso de violação.

Este eBook foi escrito exclusivamente para fins informativos. Todos os esforços foram realizados para torná-lo o mais completo e preciso possível. No entanto, pode haver pequenos erros de tipografia ou conteúdo, não intencionais. Além disso, este eBook fornece informações apenas até a referida data de publicação, devendo ser usado como um guia e não como a fonte final.

O objetivo deste eBook é educar. O autor e o editor não garantem que as informações contidas neste eBook estejam totalmente completas e não serão responsáveis por quaisquer erros ou omissões. O autor e o editor não terão responsabilidades nem obrigações perante qualquer pessoa ou entidade com relação a qualquer prejuízo ou dano causado ou supostamente causado direta ou indiretamente por este eBook.

Sobre o Autor

AVANTE EDITORIAL é um empreendedor residente no BRASIL, que adora compartilhar conhecimento e ajudar outras pessoas no tópico referente a MARKETING DIGITAL.

AVANTE EDITORIAL é uma pessoa dedicada, que sempre se esforça ao máximo para ir além.

Uma Mensagem de AVANTE EDITORIAL:

"Eu acredito que não há segredos para se tornar bem-sucedido na vida. E eu realmente creio que o resultado do verdadeiro sucesso na vida é proveniente do trabalho duro, da preparação e, o mais importante de tudo, do aprendizado através das falhas."

Sumário

Introdução 7

Capítulo 1: Técnicas de vendas no WhatsApp 10

Capítulo 2: Como atender bem o seu cliente pelo WhatsApp .. 28

Capítulo 3: WhatsApp Business Solution 33

Capítulo 4: WhatsApp Pay: como efetuar transações financeiras pelo WhatsApp 38

Capítulo 5: Como gerar Leads no WhatsApp 45

Capítulo 6: Pós-venda: Dicas essenciais para fidelizar os seus clientes 54

Capítulo 7: O que não enviar pelo WhatsApp 62

Capítulo 8: Funil de Vendas no WhatsApp 67

Capítulo 9: Como o WhatsApp Status pode alavancar as minhas vendas? 71

Conclusão 75

INTRODUÇÃO

Introdução

Primeiramente eu quero me esforçar para te convencer a procurar fazer suas vendas pelo *WhatsApp*, para isso, responder a pergunta "porque fazer vendas utilizando o *WhatsApp*" é importante. Segundo alguns dados fornecidos pela ESPM (Escola Superior de Propaganda e Marketing), o aplicativo foi apontado por 97% dos entrevistados como uma ferramenta fundamental para as atividades durante a pandemia.

O aplicativo sempre foi bastante popular no Brasil, geralmente é utilizado para conversas pessoais, interagir com os amigos, entre outras coisas. Mas o *WhatsApp* não se limita somente a isso, o aplicativo pode ser utilizado com outros fins, entre eles o de vendas.

Esse é um ótimo canal de vendas para qualquer empreendimento, pois dados provenientes da Fundação Getúlio Vargas constatam que o Brasil possui mais smartphones do que habitantes. O nosso país possui cerca de 207,6 milhões de habitantes, em contrapartida, existem 220 milhões de celulares em funcionamento. Você ainda tem dúvidas de que esse é um meio eficaz para realizar vendas?

O *WhatsApp* possui diversas funcionalidades, acredito eu que algumas delas você nunca ouviu falar, mas terá acesso a essas informações lendo este eBook. Esse aplicativo será um grande aliado do seu negócio e seus recursos têm tudo para facilitar e muito a sua vida e a da sua empresa.

Por intermédio das versões empresariais do WhatsApp você

poderá organizar a sua comunicação de acordo com as suas prioridades e terá sua rotina administrativa facilitada por meio dos recursos nele oferecidos. Inclusive, você vai aprender que é possível também fazer pagamentos e receber dinheiro por meio do aplicativo.

Ao ler este material, espero que aprenda bastante, siga os passos que serão mostrados para obter sucesso em sua jornada empresarial junto com uma das ferramentas mais populares do mundo, o *WhatsApp*. Depois que você terminar a leitura desse eBook, terá uma visão bem mais ampla sobre as suas possibilidades com o app.

Boa leitura e sucesso!

CAPÍTULO 1
Técnicas de vendas no WhatsApp

Capítulo 1: Técnicas de vendas no WhatsApp

É preciso quebrar o paradigma de achar que o WhatsApp é uma ferramenta apenas para conversas entre amigos e familiares. O aplicativo também pode ser usado para efetuar transações comerciais, como gerar e receber pagamentos.

Existem diversas técnicas para utilizar o WhatsApp de forma a potencializar a capacidade de vendas da sua empresa. Fazendo o uso correto desses recursos, seu negócio só tende a ganhar.

Utilize o WhatsApp Business

O *WhatsApp Business* é uma versão do aplicativo voltado para empresas, principalmente para negócios individuais e pequenos empreendimentos. O app lhe oferece diversas funcionalidades que lhe permitem impulsionar sua capacidade de vendas. Entre as facilidades que essa versão do aplicativo lhe oferece estão:

Conta comercial com dados do negócio

Quem entrar em contato um perfil do *WhatsApp Business* não estará falando com uma pessoa física, e sim com uma empresa. Nele você pode adicionar uma foto de perfil com o logotipo da sua empresa, colocar informações como o endereço, horário de funcionamento, o ramo do seu empreendimento, além do site, e-mail e outras informações de contato que você julgar importante.

Esses dados podem ser inseridos facilmente por meio das configurações do próprio aplicativo. Preencha bem elas, pois tornarão o seu perfil mais atrativo para o seu cliente e facilitará a comunicação entre a sua empresa e os clientes. Além disso, torna a aparência do seu perfil mais profissional.

Possibilidade de catalogar os seus produtos

Já pensou em ter todos os seus produtos ou serviços catalogados em seus *WhatsApp*? Sim, é possível, o *WhatsApp Business* lhe oferece essa funcionalidade. É possível cadastrar os seus produtos de maneira individual e adicionar fotos, preços, informações complementares e links.

Podem ser roupas, alimentos, serviços, isso vai depender de qual é o seu segmento. E não somente isso, o app também lhe dá a possibilidade de enviar detalhes do produto ou serviço para os seus clientes, aumentando as suas possibilidades de sucesso e economizando tempo.

Disparar mensagens automáticas de ausência ou saudação

O *WhatsApp Business* lhe permite disparar mensagens automaticamente. Você pode criar uma mensagem predefinida para ser enviada sempre que entrarem em contigo. É sempre desagradável entrar em contato com alguém e passar muito tempo esperando uma resposta, com as mensagens automáticas isso pode ser amenizado.

É possível criar mensagens com algumas finalidades, por exemplo, uma saudação, boas-vindas, um agradecimento pelo contato ou até mesmo uma mensagem de ausência, que são recomendadas para quando entram em contato com você fora do horário de funcionamento ou nos fins de semana.

Respostas rápidas

Em todo e qualquer empreendimento o tempo é valioso, ele deve ser utilizado da melhor forma possível, para agilizar o atendimento ao seu cliente, o *WhatsApp Business* lhe permite criar respostas prontas que podem ser acionadas através de comandos no teclado.

Vou te dar um exemplo, é possível enviar uma mensagem de agradecimento para o seu cliente, por mais extensa que seja, e enviar ela digitando apenas um atalho na caixa de diálogo, por exemplo, "/gratidão". O texto predefinido vai surgir completo na sua tela, basta apenas enviar, Com essa funcionalidade você não precisa digitar um texto padrão mais longo todas as vezes que precisar.

Etiquetas

A organização é necessária para todo e qualquer empreendimento. Pensando nisso, o *WhatsApp Business* te oferece uma funcionalidade que visa organizar as suas conversas. Elas podem ser etiquetadas, as etiquetas possuem diversas cores.

Com isso, é possível dividir as suas mensagens em

categorias, as mais urgentes, os pedidos preferenciais, as que podem ser deixadas para depois, entre outras classificações conforme a sua necessidade. Isso facilita bastante na hora de identificar os seus contatos e lhe permite filtrar melhor as suas conversas.

Sinta-se livre para criar etiquetas com os temas que desejar, de acordo com as demandas do seu empreendimento.

Tenha acesso as estatísticas de mensagens

Já pensou acesso a relatórios com dados sobre as conversas que você teve com os seus clientes? O *WhatsApp Business* te oferece essa funcionalidade, isso é importante para qualquer empreendimento. Você poderá ficar ciente de informações como: o número de mensagens enviadas, entregues e lidas pelos clientes, além da quantidade de contatos recebidos.

Essa funcionalidade é importante quando se tem como objetivo verificar se uma campanha de *marketing* obteve sucesso por exemplo, ou ter o controle de tráfego de conversas. Isso lhe permite avaliar se é preciso melhorar suas táticas de comunicação.

Você pode ter acesso a esses dados através das configurações do aplicativo, no seu celular.

Atalhos em anúncios para conversas privadas

Você pode fazer uso de outras redes sociais como o *Facebook* com o objetivo de divulgar o seu perfil comercial no WhatsApp Business. "Mas de que forma eu posso fazer isso?", muito simples, você pode adicionar botões com links nos anúncios que você posta em outras redes sociais, que levarão quem clicar diretamente para uma conversa no seu perfil profissional do WhatsApp.

Isso abrirá rapidamente um canal de comunicação com o seu cliente, com alguns detalhes previamente preenchidos. Os empresários que optam por esse recurso têm um prazo de 24hrs para responder as mensagens dos clientes, também é possível ter acesso a métricas adicionais de estatísticas.

Tenha listas de transmissão e não grupos

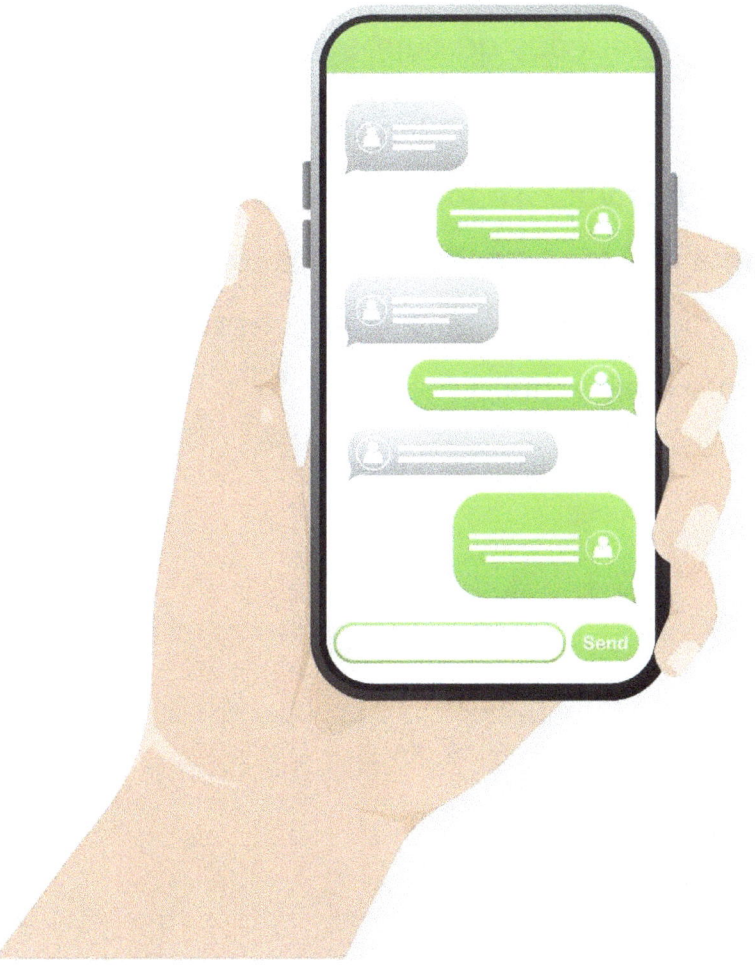

Criar um grupo e incluir todos os seus clientes é um erro que muitos que estão iniciando um empreendimento cometem. Você deve procurar não fazer isso, pois pode gerar incômodo e acabar trazendo uma má perspectiva sobre você.

Se você tem como objetivo enviar uma única mensagem para todos os contatos do seu WhatsApp Business, a lista de transmissão é o método mais indicado por algumas razões: ela evita que os seus clientes vejam as respostas e reações uns dos outros, o que não é do interesse deles, como aconteceria se eles estivessem inseridos em um grupo.

Outro ponto importante a ser considerado é o fato de que nos grupos de clientes as reclamações feitas por uma pessoa se tornarão públicas e as reações de outros clientes também.

Tratá-los de forma particular é a melhor coisa que você pode fazer, por diversos motivos. Tendo uma lista de transmissão você pode mandar uma única mensagem para diversos contatos de maneira mais particular, isso gera nas pessoas um senso de pessoalidade, o que é algo muito positivo.

Crie QR Codes

Se você tem outros perfis profissionais em suas demais redes sociais uma dica interessante é produzir conteúdo e neles colocar um QR Code. Ao apontarem o leitor para o código, seus potenciais clientes serão levados a uma conversa contigo no WhatsApp.

Essa é uma forma muito prática para que os seus clientes iniciem um atendimento com você, sem nem mesmo ter o seu número nos contatos.

Tenha um cronograma de mensagens organizado

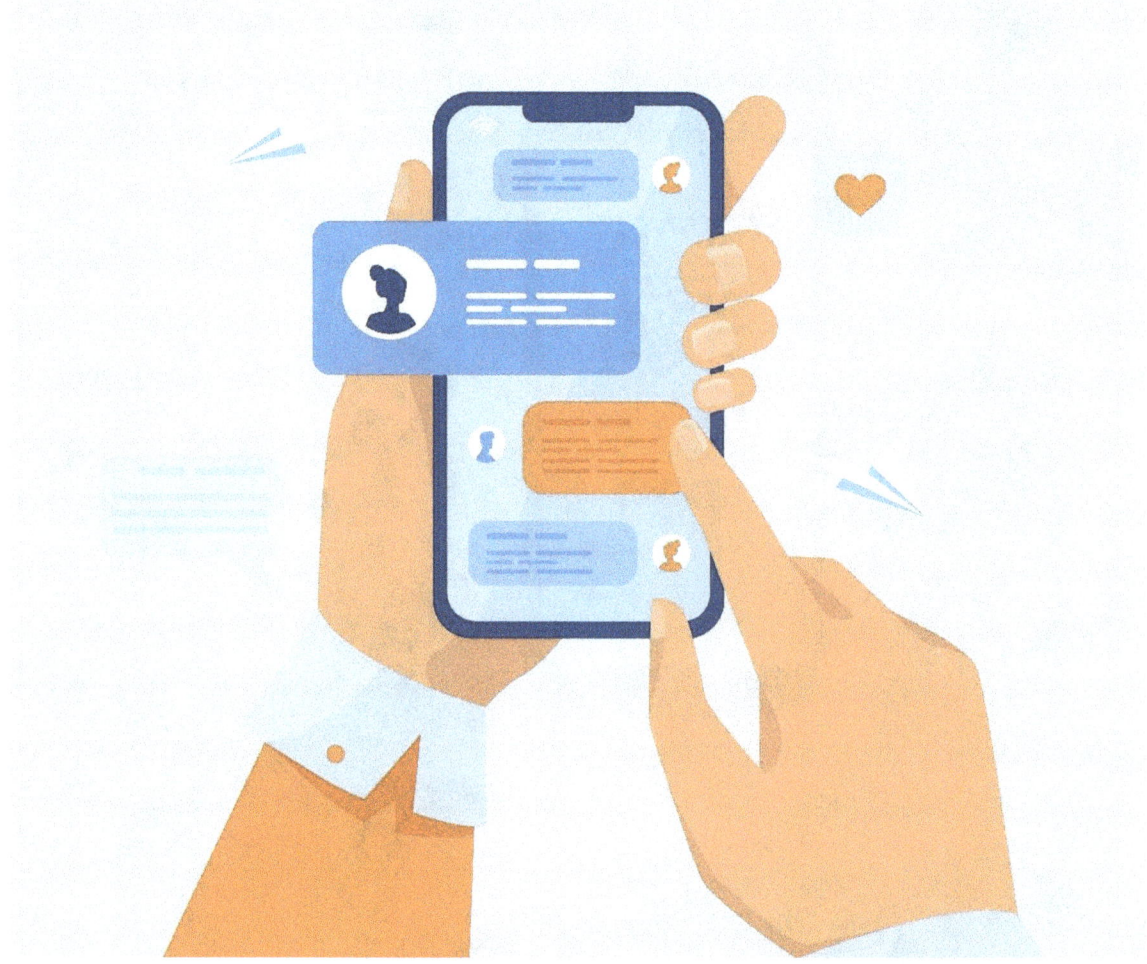

Vender pelo WhatsApp implica lidar com diversos tipos de clientes. Eles estarão em diversos estágios, por exemplo, alguns não acabaram de conhecer a sua empresa, outros chegaram até você por meio de indicações de amigos, e há aqueles que são seus clientes fiéis.

Cada um dos seus clientes está inserido em uma etapa do Funil de Vendas, por isso você não pode abordar todos eles da mesma forma. Personalize a forma como você vai entrar em contato com eles.

Tenha o hábito de compartilhar conteúdo e promoções com os seus clientes

Tendo as suas listas de transmissão bem-organizadas, você pode enviar conteúdo relevante para os seus clientes por meio do WhatsApp. Com isso, seu aplicativo não será apenas um simples meio de comunicação, mas um canal de Marketing Digital para o seu negócio.

Entre os conteúdos que você pode oferecer para o seu cliente estão: imagens promocionais, avisos de descontos, lembretes sobre o programa de fidelidade da sua empresa, entre outros.

Conteúdo relevante é aquele que vai despertar o interesse do seu público, sendo assim, procure oferecer para os seus clientes um conteúdo de acordo com os gostos e necessidades deles. Vou te dar um exemplo, para quem empreende no ramo de estética, mais especificamente com maquiagem, oferecer dicas e novas *makes* é algo relevante? Sim, esse conteúdo vai gerar valor para a carreira dessa pessoa.

Por fim, não esqueça de pedir os tradicionais *feedbacks* para que você saiba se o seu público tem aprovado as suas publicações e se realmente o seu conteúdo tem gerado valor para eles.

Gatilhos mentais

Como assim gatilhos mentais? Eles são agentes externos que são capazes de gerar uma determinada reação nas pessoas, levando elas a saírem da sua zona de conforto. Não é hipnose nem nada disso, são estímulos externos que agem diretamente no cérebro.

Talvez você deva estar se perguntando, "como eu vou utilizar isso ao meu favor?" Conhecendo os gatilhos mentais, você pode gerar no seu cliente a necessidade de adquirir o seu produto ou serviço.

Para isso, é necessário que você conheça alguns gatilhos mentais, os que são mais relevantes na hora de transformar um *prospect* em cliente:

Gatilho mental da urgência ou escassez:

Esse gatilho mental consiste em explorar algo que o ser humano comumente faz, deixar tudo para depois quando existe essa possibilidade.

Por isso, para ativar esse gatilho mental, é necessário gerar um sentimento de brevidade, como isso se aplicaria ao *Marketing?* É simples, incentive os seus clientes a comprarem um produto que está quase esgotando no estoque, ou faça uma promoção relâmpago, isso vai despertar a atenção e o senso de urgência deles.

Gatilho mental da autoridade:

Para ativar esse gatilho mental você precisa ser uma referência no ramo em que está inserido. Ninguém vai dar crédito a uma informação ou recomendação de alguém que não tem *expertise* comprovada.

A decisão de comprar se tornará bem mais fácil para o seu cliente caso ele confie na sua marca, no seu produto ou nos serviços que você oferece. Resumindo, para ativar esse gatinho mental, você ou sua marca precisam se posicionar como uma referência em determinado ramo ou assunto, fazendo com que os clientes tenham mais segurança.

Gatilho mental da prova social:

Todo e qualquer ser humano tem a necessidade de se sentir pertencentes a algo, de ser bem aceitos e conviver de maneira saudável em um grupo. O gatilho da prova social consiste em convencer o cliente de que ele precisa adquirir um produto ou serviço para fazer parte de uma comunidade.

Para fazer o melhor uso desse gatilho, você pode mostrar que sua marca é preferida por pessoas de sucesso e que as suas soluções ofereceram ótimos resultados. Para exemplificar a forma como esse gatilho funciona, imagine que uma propaganda mostra o seguinte: "Os melhores empreendedores do ramo utilizaram esse método". Automaticamente você se sente atraído a fazer parte desse grupo seleto.

Gatilho mental da novidade:

Um fato inegável é que as pessoas gostam de coisas novas. As novidades nos atraem de uma maneira única. Por exemplo, existem diversos homens que se sentem atraídos pelos novos modelos de carros que são lançados, ou mulheres que se interessam por novas fórmulas utilizadas em um shampoo, esses são alguns exemplos que mostram que novidades nos atraem.

Nesse gatilho mental, o prazer de fazer uma nova descoberta é estimulado. Para fazer um bom uso dele, você precisa adicionar uma atualização ou melhoria ao que você já tem, seja um produto ou serviço, e que traga um diferencial importante, ou inovar e criar algo totalmente novo, jamais visto.

Gatinho mental da reciprocidade

O ato de retribuir é algo comum para o ser humano, quem nunca se sentiu grato por receber algo e começou a sentir o desejo de retribuir o favor não é mesmo?

O gatilho mental da reciprocidade pode ser ativado quando você oferece para o seu cliente um conteúdo gratuito ou um brinde, por exemplo e espera que o cliente se sinta grato e retribua, adquirindo um serviço ou produto.

Muitas empresas fazem uso desse artifício para conseguir os dados das pessoas ou na melhor das hipóteses concretizar uma venda. Vou te dar um exemplo, com certeza você já viu alguma página na internet que oferece eBooks gratuitos, mas para que você possa baixá-los, é necessário oferecer o seu nome e o e-mail.

As empresas fazem uso disso para conseguir os dados das pessoas e fazer E-mail Marketing, então, em troca do eBook, as empresas recebem os dados dos clientes para poder enviar promoções e incentivar a adquirirem os seus produtos.

Consiga números de WhatsApp em troca de um produto digital

A estratégia da recompensa digital é muito eficaz na hora de conseguir novos contatos. Ela consiste no seguinte, você oferece um produto digital em troca dados estrategicamente predefinidos. Esses dados servirão para que você possa entrar em contato posteriormente com a pessoa que adquiriu o produto digital.

Você pode fazer o seguinte: Crie um *eBook* com um tema que esteja relacionado com o seu negócio, vamos supor que você trabalha com Marketing Digital, oferecer um material digital com o tema "O Poder do Marketing Digital" é bem interessante. Em troca da aquisição desse *eBook*, o interessado preenche o número do *WhatsApp* e o nome, condicionando o *download* ao registro do celular do usuário.

Assim, você vai transformar alguém que deixou o número de contato no seu formulário em um *Lead* (consumidor em potencial), com isso, ele (a) vai estar inserido no seu Funil de Vendas. Após isso, esse consumidor em potencial deve receber conteúdo relevante e que estimulem o seu desejo de compra para que ele deixe de ser apenas um *Lead* e se torne de fato um cliente.

Procure caprichar na sua *Landing Page*, o bom *design* dela é fundamental na hora do cliente oferecer os dados, ela pode atrair ou afastar o visitante da página.

Faça pesquisas de satisfação

O WhatsApp Business não oferece um recurso específico para que você faça pesquisas de satisfação durante um atendimento. Porém, é possível utilizar ferramentas externas para cumprir esse papel, uma delas é o Google Forms. Você pode utilizá-lo para enviar pesquisas de satisfação através das listas de transmissão.

Com a ajuda dessa ferramenta você será capaz de monitorar o desempenho da sua empresa, acompanhar índices de satisfação e identificar quais são os pontos fortes e fracos do seu negócio.

Que relação fazer pesquisas de satisfação tem com vendas? É bem simples, a forma como você atende ao seu cliente está diretamente ligada as suas chances de vendas.

CAPÍTULO 2

Como atender bem o seu cliente pelo WhatsApp

Capítulo 2: Como atender bem o seu cliente pelo WhatsApp

Nós sabemos que o cliente que é bem atendido em determinado local ou meio de comunicação sempre sente o desejo de voltar. Tendo isso em vista, você deve oferecer para o seu cliente o melhor atendimento que possível. Atender não é apenas responder a alguma mensagem, é necessário todo um cuidado para não causar uma má impressão e perder a venda. Por isso, a seguir, vou te dar algumas dicas sobre como atender bem o seu cliente:

Tenha um contato somente para o seu empreendimento

Até mesmo as empresas de menor porte precisam ter um contato de *WhatsApp* exclusivamente para o negócio. Nada de usar um número pessoal para atender os seus clientes. Isso vai te ajudar a passar para as pessoas que entram em contato com você uma impressão de profissionalismo. Procure também delimitar os horários de atendimento, caso alguém entre em contato com você fora do horário de expediente, deixe uma mensagem automática agradecendo o contato.

Tenham bem definidos os horários de atendimento

A expectativa é de que o atendimento via *WhatsApp* seja

breve, mas mesmo com isso, é importante que você divulgue os seus horários de atendimento para o público. Você pode fazer isso por meio do seu *WhatsApp Business* de maneira bem prática.

Lembre-se de estar sempre pronto a atender os seus clientes, ou de ter alguém responsável por isso. Caso contrário, as impressões que os clientes terão da sua empresa serão negativas e eles se sentirão desvalorizados.

Atenda de maneira ágil

A agilidade é essencial ao oferecer um bom atendimento, ninguém gosta de ficar esperando. A expectativa das pessoas ao serem atendidas via *WhatsApp* é que elas receberão um atendimento praticamente instantâneo.

Nesses casos, é interessante que você faça uso de dois recursos, as respostas automáticas e os *chatbots.* Eles já direcionam os usuários diretamente para quem vai atendê-los de acordo com o que ele precisa, as suas necessidades.

Mantenha as informações do cliente registradas e organizadas

Tenha sempre em mente que toda informação que o cliente te oferece é importante. Por isso, é fundamental que você tenha um local específico para armazená-las e que te permita acessar facilmente, ou aqueles a quem você concedeu essa responsabilidade.

Dessa forma, os profissionais do atendimento podem ter acesso a esse banco de dados e acessar informações importantes sobre o cliente. Essas informações podem ser utilizadas para personalizar o atendimento e facilitará muito a comunicação, tornando desnecessária a repetição do processo de informar os dados por parte do cliente.

Fale a mesma língua que o seu cliente

O WhatsApp é um aplicativo criado com o objetivo de fazer as pessoas interagirem entre si. Tendo esse motivo em vista, é fundamental prestar um atendimento personalizado e pessoal com o seu cliente.

Todo mundo quer ser atendido por uma empresa espera que o trate de maneira exclusiva, de forma amigável, todavia sempre mostrando equilíbrio e muito profissionalismo.

Tendo em vista que você precisa fazer isso para atender bem o seu cliente, procure estudar o seu público-alvo, para entender o contexto em que ele está inserido e com isso definir qual é a linguagem mais apropriada para ser utilizada na sua comunicação com ele.

Nada de utilizar termos que o seu cliente não vai entender, use uma linguagem sadia, simples e compreensível.

Evite mensagens excessivas

O WhatsApp faz parte do cotidiano das pessoas, tornou-se

uma ferramenta muito útil por se tratar de um meio de comunicação livre, onde as pessoas podem trocar informações relevantes e conversar de maneira instantânea e interativa.

Você deve ser cauteloso ao enviar mensagens que dizem respeito a sua marca, principalmente pelo fato de que muitos usuários do aplicativo querem apenas utilizar seu negócio como SAC.

Fique de olho no volume de mensagens que você envia e nunca faça uso de Spam. Mantenha o controle da quantidade de mensagens que você envia e entre em contato somente com as pessoas que te deram permissão expressa para isso.

Caso contrário, você estará violando as diretrizes do *WhatsApp*, além de causar uma má impressão para os seus clientes.

CAPITULO 3

WhatsApp Business Solution

Capítulo 3: WhatsApp Business Solution

O *WhatsApp Business Solution* (Ou WhatsApp Business API) é uma solução desenvolvida pelo *Facebook* para potencializar o atendimento via *WhatsApp*. O objetivo desse serviço é tornar a comunicação de diversas empresas, mais especificamente as de médio e grande porte, mais fácil. Porém, os benefícios que essa ferramenta traz podem ser aproveitados por empreendimentos de qualquer porte.

Com a liberação da *API (Interface de Programação de Aplicativos)* do *WhatsApp,* tornou-se possível integrar o aplicativo á plataformas de Atendimento Digital. Isso possibilita uma solução muito importante para diversas empresas, um único número de telefone pode ser utilizado por diversos atendentes.

Com o lançamento da API, ter diversos números de WhatsApp, um para cada atendente, tornou-se coisa do passado. Fazer isso pode prejudicar a sua empresa e tornar a ocorrência de falhas humanas mais recorrentes.

O WhatsApp Business API também lhe oferece a possibilidade de utilizar os *chatbots*, que são softwares que são capazes de manter uma conversa com um usuário humano de maneira natural.

Vantagens da utilização do WhatsApp Business Solution

Existem algumas vantagens em utilizar essa versão do WhatsApp, a seguir, vou te contar algumas que com certeza serão úteis para o seu negócio:

Número ilimitado de atendentes utilizando o mesmo número de telefone

Se você já é um usuário do *WhatsApp* e o utiliza para fazer o atendimento na sua empresa e não tem uma conta oficial do *WhatsApp Business Solution*, realmente não deve ser nada fácil gerenciar e atender as demandas dos seus clientes por meio desse canal.

Muitas empresas têm o hábito de disponibilizar mais de um número para contato ou ter um atendente no celular e outro utilizando o *WhatsApp Web*. Com o *WhatsApp Business API* esse problema pode ser solucionado e você vai poder dar adeus a essas "gambiarras".

A API te dá a possibilidade de integrar o seu número em uma plataforma de Atendimento Digital e utilizar quantos atendentes você quiser. Além dos benefícios já citados, você ainda tem a possibilidade de identificar, no histórico das conversas, qual atendente deu conta da demanda de determinado cliente e certo momento.

Relatórios de atendimento

Sem que você utilize o WhatsApp Business Solution, para criar relatórios no WhatsApp, seria necessário extrair esses dados manualmente. Porém, caso você integre o WhatsApp com uma plataforma de Atendimento Digital, você poderá acompanhar as suas estatísticas e extrair relatórios com informações referentes aos seus atendimentos.

Selo de autenticação

Somente por meio do WhatsApp Business Solution que você poderá obter o selo de autenticação do aplicativo. Esse selo vai ajudar a sua empresa a conquistar a confiança do seu cliente mais facilmente no momento em que você desejar se comunicar com ele.

Faça uso do mesmo número pelo qual a sua empresa já atendia ou atende

Você pode fazer uso de um dos números de telefone que a sua empresa já tem, com o intuito de criar uma conta comercial no WhatsApp, pode inclusive ser um número de um telefone fixo.

Esta é uma ótima prática e que vai te ajudar bastante na percepção da sua marca. É muito desgastante para o seu cliente ter que lembrar de diversos números para entrar em contato com a sua empresa.

Canais de comunicação interligados

O avanço da tecnologia mudou drasticamente a forma como nós nos comunicamos. As ligações telefônicas se tornaram coisa do passado, hoje nós utilizamos os aplicativos de mensagens instantâneas, são eles: Facebook Messenger, Telegram e o principal deles é o WhatsApp.

A integração do WhatsApp a uma plataforma de Atendimento Digital, por meio da API, permite que você centralize todos os seus canais de atendimento em um só lugar. Com isso, os seus atendentes não vão precisar estar ligados em diversos canais de comunicação em diferentes ambientes.

O consumidor da nova geração está presente em diversos canais, e a fim de conquistar ele, você também deve ser multicanal. Já pensou em ter as suas formas de atendimento via WhatsApp, Telegram, Facebook Messenger, SMS, VoIP e chat online, todos em apenas um lugar? É possível! Isso vai ajudar a sua equipe de atendimento a não esquecer os clientes em um determinado canal de comunicação, ou demorar muito tempo para respondê-lo.

CAPÍTULO 4

WhatsApp Pay: como efetuar transações financeiras pelo WhatsApp

Capítulo 4: WhatsApp Pay: como efetuar transações financeiras pelo WhatsApp

O *WhatsApp Pagamentos* é uma nova versão do aplicativo que permite ao usuário fazer a transferência de determinados valores por meio do aplicativo. Com esse recurso, será possível para os usuários enviar dinheiro para os familiares e amigos, além de fazer o pagamento de produtos e serviços de empresas presentes no *WhatsApp Business*. O serviço de transferências e feito por meio do *Facebook Pay*, por isso, torna-se necessário adicionar um cartão de crédito ou débito na plataforma para poder utilizar os serviços de pagamentos do *WhatsApp*.

Para que os usuários utilizem os serviços, não são cobradas taxas, nem para as transferências por meio do cartão de débito ou para pagamentos via cartão de crédito ou débito. Além dessas funcionalidades, os pagamentos podem ser consultados em qualquer momento na aba de "Pagamentos", em "Ajustes" no menu de configurações do aplicativo.

Como funciona?

Para começar, o cliente deve cadastrar um cartão aceito pelo *Facebook Pay* para poder realizar transferências e pagamentos via *WhatsApp*. Para os usuários de contas pessoais o *WhatsApp* mantém o limite de R$ 1 mil reais por transação. Ao dia, podem ser realizadas até 20 transações, porém, os valores somados entre as essas transações não podem ultrapassar os R$ 5 mil reais por mês. O *WhatsApp* não cobra tarifas para quem deseja fazer transferências entre contas pessoais, nem para realizar o pagamento de compras feitas a empresas no WhatsApp Business.

Para as empresas cadastradas no *WhatsApp Business*, não existem limites para os valores das transações, porém, o aplicativo cobra uma taxa de processamento por vendas, que é de 3,99%.

Formas de pagamento aceitas

Existem algumas formas de pagamento que são aceitas pelo aplicativo. Os pagamentos podem ser feitos por meio dos cartões de crédito e débito com as bandeiras *Visa* ou *MasterCard*. Os bancos que participam são, até o presente momento, o *NuBank, o Banco do Brasil e o Sicredi* (inclusive a conta digital Woop).

A realização de transferências para contas pessoais só poderão ser efetuadas por meio de cartões de débito. Já os cartões de crédito podem ser utilizados para enviar pagamentos para empresas que estejam cadastradas no WhatsApp Business. Para isso, o *Facebook Pay* deve estar configurado para "receber pagamentos por vendas". Vale ressaltar que não é possível fazer essas transferências pelo *WhatsApp Web*, ou o *WhatsApp* para o computador pessoal.

Como fazer o envio de determinada quantia pelo *WhatsApp*

Caso você queira enviar dinheiro para os seus familiares ou amigos, ou até mesmo pagar contas comerciais no *WhatsApp,* é necessário que você configure o *Facebook Pay* no seu aplicativo. Logo em seguida, clique sobre o ícone em formato de clipe, o que geralmente é utilizado para anexar algo, e em "pagamentos", adicione o valor correspondente para enviar ou efetuar um pagamento.

Caso você deseje, também é possível inserir uma descrição para o pagamento. Para que você finalize a transferência, basta clicar sobre "pagar" e confirmar o seu PIN cadastrado no *Facebook Pay.*

Outro recursos disponível é o de enviar ou solicitar pagamentos em grupos. Nesse caso, todos os membros que estão incluídos no grupo terão acesso às informações sobre o pagamento, inclusive a que diz respeito ao valor. Caso você não queira que os outros membros vejam os dados sobre o pagamento, o melhor a se fazer é conduzi-los em uma conversa privada.

Como receber determinada quantia pelo *WhatsApp*

O dinheiro recebido só poderá ser aprovado quando o Facebook Pay estiver devidamente configurado no WhatsApp. Isso pode ser feito seguindo os passos: Clique em "Configurações", após isso clique em "Ajustes" e depois em "Pagamento". Caso o Facebook Pay já esteja configurado, clique em "Aceitar Pagamento" e a quantia correspondente vai ser transferida para a conta do banco vinculada ao cartão de débito cadastrado.

WhatsApp Pay para o *WhatsApp Business*

Empreendedores que fazem uso do *WhatsApp Business* também têm a possibilidade de vender produtos e serviços através da plataforma, isso pode garantir mais praticidade ao realizar vendas pelo aplicativo.

Para que você possa receber pagamentos pelo aplicativo, o primeiro passo é, como nos casos anteriores, configurar o *Facebook Pay*, além de criar ou conectar uma conta da *Cielo* e fornecer os dados da conta bancária para receber os valores correspondentes.

Para que você configure o *Facebook Pay* no seu *WhatsApp Business*, basta ir em "Configurações", depois em "Pagamentos", "Serviços", e por fim, em *"Facebook Pay".* Logo após fazer esse processo, selecione a opção "Receber pagamentos por vendas" e clique em "Continuar".

Logo após aceitar os termos de serviço de uso do aplicativo, crie ou conecte uma conta da *Cielo* no seu *app* e preencha todos os dados necessários.

Todas as transações são realizadas por intermédio da *Cielo*, por isso, faz-se necessário ter uma conta cadastrada. O processo de verificação da conta bancária dura aproximadamente três dias. Os pagamentos efetuados pelos clientes são transferidos da conta da *Cielo* para a sua conta bancária cadastrada em até dois dias úteis.

Também não existe limite de pagamentos para vendas efetuadas por meio do WhatsApp Business, todavia existe é cobrada uma taxa fixa de 3,99% sobre o valor das transações que você realizar.

O *WhatsApp Pay* é seguro?

As informações sobre pagamentos precisam ser repassadas às instituições financeiras responsáveis, por isso, elas não podem estar protegidas por criptografia de ponta-a-ponta, porém, o *WhatsApp* assegura ao usuário de que todas as informações fornecidas são armazenadas de forma segura em uma rede de alta segurança. Além disso, todos os dados que são fornecidos ao aplicativo possuem criptografia entre os próprios servidores do *app* e o celular do usuário.

Além disso, o Facebook recomenda que informações como o código de confirmação do WhatsApp, o PIN do Facebook Pay e outros códigos de verificação não sejam compartilhados com outras pessoas, nem mesmo com os mais próximos. Com o objetivo de aumentar a segurança, a autenticação em dois fatores também pode ser habilitada pelo usuário, assim como outros recursos como o reconhecimento facial e a biometria, ao abrir o app essas informações serão solicitadas caso você as habilite.

Preciso pagar algo pelo *WhatsApp Pay?*

Os consumidores comuns estão isentos das taxas de transação, porém, os comerciantes não. Eles vão ter que desembolsar uma taxa fixa de 3,99% por cada pagamento feito por clientes utilizando a versão comum do aplicativo.

Essa taxa é simbólica se comparada aos benefícios que você terá ao utilizar o *WhatsApp Pay*, pois com ele a sua organização financeira e a agilidade em pagar e receber pagamentos vai melhorar bastante.

CAPÍTULO 5

Como gerar Leads no WhatsApp

Capítulo 5: Como gerar Leads no WhatsApp

Segundo estatísticas do ano de 2020, o *WhatsApp* possui cerca de 2 bilhões de usuários espalhados pelo mundo. O aplicativo já está disponível em cerca de 180 países e está disponível em 60 idiomas diferentes. Sem dúvidas, esse é um dos aplicativos mais populares do mundo. Sendo assim, o *WhatsApp* se torna um vasto canal para que você consiga cada vez mais clientes para o seu empreendimento.

Primeiramente vamos conceituar o que são *Leads,* essa nomenclatura é utilizada para definir as pessoas que são consumidores em potencial e que representam uma oportunidade de negócio para uma empresa.

A *captação de leads* é o processo pelo qual você atrai e

converte usuários em contatos legítimos. Esse processo ocorre principalmente por meio do compartilhamento de conteúdo relevante para essas pessoas.

A busca por ter acesso a esse conteúdo é o que faz um visitante preencher um formulário com os seus dados, muitas vezes com o nome, e-mail e telefone. Existe um passo a passo para fazer essa captação, confira a seguir:

Tenha um objetivo bem definido

Ao incluir o *WhatsApp* em suas estratégias de *marketing* é importante que você estabeleça uma meta que tenha relação com os objetivos gerais da empresa. Vamos supor que você seja formado em direito e tenha um escritório onde presta serviços de advocacia. Se você deseja aumentar o número de pessoas que procuram os seus serviços, precisará ampliar o volume de *leads.*

É importante que você saiba o que deseja com o WhatsApp, reflita se ele é realmente a melhor ferramenta para isso e também que tipo de mensagem será compartilhada.

Invista em campanhas para atrair mais *leads*

Após ter definido bem em sua mente qual é o seu objetivo, chegou a hora de partir para a ação e gerar muitos *leads* pelo *WhatsApp.* Você pode fazer uso de diversas plataformas digitais com o intuito de direcionar os usuários para páginas de conversão ou para o próprio chat do WhatsApp da sua empresa.

Entre as estratégias que podem ser utilizadas para atrair mais pessoas estão:

- *Google Ads*
- *Facebook Ads*
- *Instagram Ads*
- *Anúncios no Facebook Messenger*
- *Publicações orgânicas em redes sociais*
- *Posts em Blogs*
- *Landing Pages*

Se você for adicionar um link a algum tipo de conteúdo considere para qual página ele vai levar o visitante. Uma boa sugestão é compartilhar conteúdo com um link direto para uma conversa no *WhatsApp* da sua empresa. Uma boa rede social para você fazer isso é o *Instagram*, que é super popular e permite isso. Outra boa sugestão é adicionar um link que direciona o visitante a uma conversa com a sua empresa nos *stories* do *Instagram*. Para isso, você pode utilizar um gerador de links para *WhatsApp*.

Caso a sua empresa possua um site, adicione um botão com esse link, em suma, interligue o seu *WhatsApp* com diversas plataformas digitais, com isso, seus resultados positivos tendem a crescer e você vai gerar mais *leads*.

Já pensou em utilizar o e-mail marketing para direcionar leads para o WhatsApp da sua empresa? Faça um experimento, garanto que você vai colher bons resultados.

Configure as campanhas para dispositivos *mobile*

Sabendo que o WhatsApp é um aplicativo voltado para dispositivos móveis, logo seu principal uso será por meio deles. Os smartphones são os aparelhos com maior índice de utilização pelos usuários da internet para navegar, seja no Google, em sites ou em redes sociais.

Com isso, é importante que você lembre de configurar as suas campanhas no WhatsApp com o intuito de gerar leads para dispositivos móveis. No caso dos anúncios pagos, recomendo que você direcione 100% do investimento destinado para tal em campanhas sobre como captar leads pelo WhatsApp para dispositivos móveis.

Uma dica importante, caso você faça uma campanha que leve primeiramente o usuário a uma *landing page*, é de suma importância que ela seja responsiva, para que seja bem exposta em dispositivos móveis.

Dê um *upgrade* a sua *landing page*

As landing pages são páginas elaboradas com o objetivo de conversão. Elas geralmente apresentam uma oferta e um *CTA* (*Call to Action*), o que facilita bastante a conclusão da finalidade da página. O *Call to Action*, como o próprio nome já diz, é uma "chamada para a ação", geralmente é um botão ou link com uma cor de destaque, que carrega algum termo no imperativo, por exemplo, "acesse", "clique", "confira", entre outros.

Em campanhas onde o objetivo é a captação de leads pelo *WhatsApp* é necessário que o campo "celular" seja obrigatório. É nesse momento que você vai obter acesso ao *lead* de *WhatsApp*. Em alguns casos o *CTA* da *landing page* leva o usuário diretamente para uma conversa no WhatsApp com a empresa, mas essa estratégia só é recomendada para campanhas de fundo de funil, ou seja, para conversão de leads em clientes.

Em campanhas que são voltadas para o topo ou o meio do funil, é interessante que você tenha conhecimento de que o usuário não está pronto para entrar em contato com a sua empresa ainda. Por isso, é interessante que a *CTA* atraia essa pessoa para algo do interesse dela como por exemplo:

- *eBook*
- *Planilha*
- *Inscrição para uma webinar*

Essas são apenas algumas das sugestões, mas para resumir, coloque o número do celular como um requisito obrigatório.

Crie conteúdo de qualidade e que seja relevante para o seu público

Tendo os leads de WhatsApp nas suas mãos, é hora de começar a criar e manter um bom relacionamento com os contatos que você conseguiu durante as suas campanhas. Para isso é importante que você crie conteúdo relevante periodicamente, podem ser:

- Conteúdos sobre os interesses do lead;
- Quizzes divertidos;
- Feedbacks;
- Informações sobre promoções e novidades.

CAPÍTULO 6

Pós-venda: Dicas essenciais para fidelizar os seus clientes

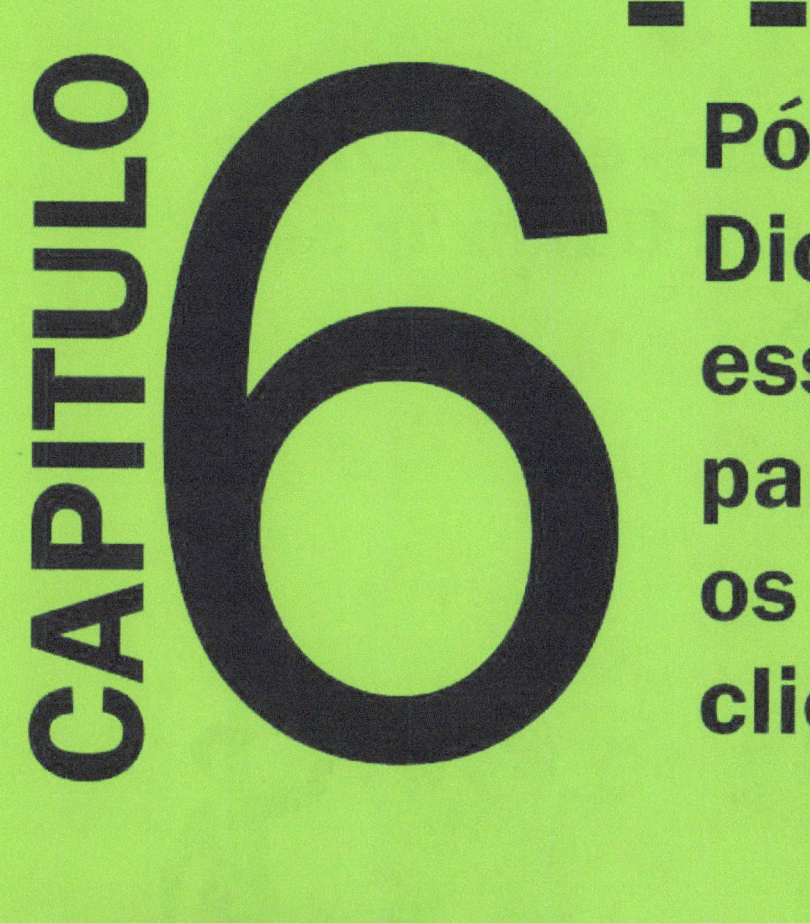

Capítulo 6: Pós-venda: Dicas essenciais para fidelizar os seus clientes

Para uma empresa que deseja alçar voos altos, não basta apenas vender para um cliente, é preciso fidelizar ele. Mas para que o seu negócio conquiste os corações da sua clientela é necessário fazer um bom *pós-venda*. Caso você não saiba o que é, o *pós-venda* são todos os processos que são posteriores ao ato da venda. Ele pode ser feito através de um contato via *e-mail*, o envio de um vale-compras em uma data especial, descontos, entre outros.

Apesar de essa ser uma etapa fundamental no processo de fidelização dos clientes, é algo muitas vezes negligenciado por diversas empresas, pois muitos se preocupam em apenas vender o produto, com isso, acabam perdendo a oportunidade de transformar um cliente em um comprador recorrente.

Dados provenientes do Sebrae revelam que 85% das empresas nunca realizaram um *pós-venda*, outros 70% não possuem nenhum tipo de cadastro para os seus clientes e 94% nunca fizeram uso de tecnologias digitais para monitorar os seus clientes.

Porque é importante realizar o *pós-venda?*

A importância de conseguir novos clientes é inquestionável, afinal de contas, nenhuma empresa sobrevive se não tiver quem adquira os seus produtos ou serviços. Se você refletir um pouco, verá que conquistar novos clientes pode custar cinco ou até sete vezes mais caro do que fidelizar clientes que já compraram com a sua empresa antes.

Isso foi constatado por Philip Kotler, que é considerado um dos maiores especialistas em marketing. Isso ocorre porque adquirir um novo cliente envolve uma série de ações que demoram muito para surtir efeito e custam bem mais caro do que fidelizar quem já tem conhecimento da sua empresa.

Dicas que vão te ajudar a ter um pós-venda épico

Para que você tenha um pós-venda épico é necessário que você siga algumas dicas, afinal, já foi constatado que é mais barato fidelizar um cliente do que conseguir um novo. Por isso, esforce-se para manter a sua clientela sempre satisfeita.

Peça feedback aos seus clientes

Caso você não saiba o que é feedback, o conceito é bem simples: uma reação a um estímulo. Quando é perguntado sobre como avalia o produto ou serviço que recebeu, o cliente oferece uma opinião, que deve ser considerada pela empresa. O feedback dado pelo cliente serve como referencial para avaliar a qualidade, a utilidade, a satisfação, o custo-benefício, a durabilidade, entre outras características do produto ou serviço.

Em suma, considere o feedback do cliente como algo muito valioso, ele vai te ajudar a criar novos produtos ou tornar os já existentes melhores. Uma boa sugestão é entrar em contato com os clientes uma semana depois de eles terem adquirido um produto ou serviço seu e perguntar como tem sido a experiência deles e se tiveram alguma dúvida ou problema com a utilização.

Ofereça descontos e condições especiais

Quem não gosta de um bom desconto não é mesmo? Um dos melhores meios para fazer um pós-venda de sucesso com o seu cliente é oferecer descontos e promoções exclusivas. Com o objetivo de obter mais resultados, você pode oferecer vantagens não somente para aqueles clientes que são mais recorrentes, mas para quem está visitando a sua página pela primeira vez.

Ofereça cupons para essa classe de pessoas, assim, você vai estar estimulando eles a comprar, além de valorizá-los.

Entre em contato com os seus clientes em datas especiais

Você precisa enxergar o cliente não somente como uma fonte de lucro, mas como uma pessoa comum repleta de sentimentos. Empresas que entram em contato com os seus clientes em datas especiais, como os aniversários, provam que não o veem apenas como uma fonte de renda, mas como pessoas especiais. Por isso, torne-se um empreendedor diferenciado, preocupe-se com o bem-estar dos seus clientes.

Aproveite as datas comemorativas para "mimar" a sua clientela. Descontos e promoções exclusivas nessas ocasiões são ótimas sugestões. Caso você tenha uma empresa de pequeno porte e que ainda não dispõe de vastos recursos para investir em Marketing, uma simples mensagem de "feliz aniversário" já pode lhe trazer excelentes resultados. Isso vai te ajudar a humanizar a sua marca e aproximar ela da clientela.

Tenha um serviço de suporte ao cliente eficiente

Da mesma maneira que você entra em contato com o seu cliente, o seu cliente pode precisar entrar em contato com você. No pós-venda, o contato por parte do cliente pode estar relacionado ao uso, ao estado, a qualidade do produto adquirido, entre outros. Por isso, é muito importante que a empresa mantenha um canal de comunicação aberto e funcional que possa dar conta das demandas que aparecerem. Deixar os clientes de lado após a venda é algo que não pode acontecer na sua empresa. Eles vão precisar de suporte e apoio para conseguir desfrutar do máximo que o seu produto tem a oferecer. E não somente isso, muita gente entra em contato com a empresa em busca de novos produtos, com o objetivo de comprar novamente com a marca.

É importante ressaltar que na internet as informações se disseminam rapidamente. Uma experiência ruim por parte de um cliente pode ser o suficiente para derrubar a reputação de uma empresa.

Divulgue lançamentos para quem já adquiriu algum produto ou serviço da sua empresa

A divulgação de lançamentos e novidades com prioridade para clientes que já adquirem seus produtos ou serviços regularmente é uma dica muito boa para a fidelização deles. Isso mostra que a empresa se preocupa e valoriza os clientes antigos, tanto que está fornecendo para eles em primeira mão as novidades referentes aos seus produtos ou serviços. A exclusividade é um fator fundamental para a fidelização.

Quando o cliente percebe que ele é diferente dos demais membros, ele se sente especial. Claro que todos os clientes devem ser considerados especiais pelas empresas, mas existem alguns que se destacam por sua fidelidade. Mais do que apenas um produto, o cliente estará adquirindo uma experiência que vai além da esfera comercial.

Utilize o seu *e-mail* como ferramenta para nutrir seus *leads*

O e-mail marketing é uma melhores técnicas de marketing, um dos motivos é o custo-benefício. Através dele você entrega conteúdo diretamente na caixa de entrada do destinatário. Algo bastante positivo é que não existem algoritmos limitando o alcance dessas mensagens, como acontece no caso de algumas redes sociais.

Uma boa estratégia de e-mail marketing consiste em dois passos:

1. Comece construindo uma boa lista de *e-mails*, com usuários que te autorizaram a entrar em contato com eles. Inserir formulários de captura dentro de um *blog* pode lhe ajudar a formar sua lista de *e-mails*. Outra boa tática é captar e-mails em troca de um produto digital. Através de uma *landing page* você pode oferecer um eBook em troca do nome e e-mail do visitante. Existe também a possibilidade de você importar os contatos dos seus seguidores no *Facebook*.
2. Após isso, será necessário verificar em qual fase do funil de vendas aquelas pessoas se encontram, para enviar um conteúdo que vá de encontro as necessidades deles e que seja relevante para eles naquele momento.

É importante que você esteja atento aos e-mails que você vai enviar. Antes de enviar, reflita sobre o conteúdo, a frequência e a linguagem que será usada. Fazer e-mail marketing é mais do que simplesmente bombardear as pessoas com informações. Você deve produzir algo que seja relevante e que incentive quem está lendo a continuar mantendo contato com a sua marca.

CAPÍTULO 7

O que não enviar pelo WhatsApp

Capítulo 7: O que não enviar pelo WhatsApp

Como você já deve saber, o *WhatsApp* é um dos aplicativos mais populares em nosso país, mas é preciso tomar cuidado ao utilizar ele, caso contrário, você pode até mesmo chegar a ser banido para sempre da plataforma. Você sabia que mandar as famosas *Fake News*, golpes ou dados pessoais no *WhatsApp* podem pôr em risco a privacidade e a segurança dos usuários e além disso, desrespeitar expressamente as regras do app? Sim, isso mesmo. Confira a seguir, coisas que você não deve fazer ao utilizar o *WhatsApp:*

Fake News

Infelizmente em nossos país, o WhatsApp tem sido amplamente usado para espalhar notícias falsas. O compartilhamento das *Fake News* é contrário aos termos de uso do aplicativo. Caso alguém compartilhe notícias dessa natureza, corre o risco de ser banido permanentemente do aplicativo.

O WhatsApp inclusive incentiva a denunciar perfis que compartilham conteúdo impróprio, o que inclui as Fake News, pois a criptografia de ponta-a-ponta não permite que o app tenha acesso as conversas da plataforma.

Conteúdo plagiado

O envio de conteúdo que contêm plágio por meio do WhatsApp é proibido e não está de acordo com as diretrizes do aplicativo. O plágio é entendido pelo WhatsApp como qualquer conteúdo que viole a propriedade intelectual, direito autoral e marca registrada de qualquer outro usuário ou empresa.

A plataforma sugere que o usuário que sofreu o plágio entre em contato com a conta que possivelmente está violando os seus direitos autorais, já que o WhatsApp só pode remover conteúdo público, que inclui foto do usuário, nome do perfil e status.

Links maliciosos

Golpes no WhatsApp tem se tornado cada vez mais comuns. Os criminosos que praticam esses golpes tem algo em comum, eles utilizavam o mesmo método para atrair vítimas e espalhar o link malicioso pelo WhatsApp.

Durante a Covid-19, o Golpe do Auxílio Emergencial foi disseminado pelo aplicativo e chegou a fazer mais de 7 milhões de vítimas em Abril de 2020. Aplicar golpes e compartilhar links maliciosos no WhatsApp e terminantemente proibido.

Dados pessoais

É importante ressaltar que como medida de segurança, o envio de dados pessoais pelo WhatsApp deve ser evitado. RG e CPF, endereços residenciais e dados como o número de cartões de crédito e débito, senhas e outros dados pessoais não devem ser enviados pelo aplicativo, nem mesmo para os contatos que você julga confiáveis.

Esses dados podem ser utilizados de maneira indevida, vale lembra que códigos de verificação também não devem ser compartilhados com ninguém em nenhuma hipótese. Essas chaves numéricas podem ser utilizadas por criminosos que aplicam o golpe do WhatsApp Clonado, onde eles pedem resgates em dinheiro.

Conteúdos que infrinjam a lei

Obviamente qualquer tipo de conteúdo que infrinja alguma lei é terminantemente proibido pelo aplicativo. Caso algum tipo de diretriz do WhatsApp seja quebrada, o usuário pode inclusive chegar a ser banido da plataforma para sempre.

Todo e qualquer conteúdo que por alguma razão for compartilhado de maneira ilícita, ameaçadora, difamatória, ou qualquer tipo de assédio ou atitude ofensiva em razões de etnia ou raça, além de qualquer mensagem com conteúdo violento é proibida e se configura como uma quebra das diretrizes do aplicativo.

O compartilhamento de mensagens e ligações automáticas também não é permitido pelo aplicativo. O envio de spam também não é permitido pelo app. Os usuários que fizerem uso disso podem inclusive responder criminalmente por seus atos.

Disparo de mensagens em massa

Os disparos de mensagens em massa também fere os termos

de uso do aplicativo. O WhatsApp pode chegar a processar empresas que utilizam o WhatsApp Business e fazem uso de serviços de automação com o fim de enviar mensagens em massa.

CAPÍTULO 8
Funil de Vendas no WhatsApp

Capítulo 8: Funil de Vendas no WhatsApp

Você já ouviu falar na expressão "Funil de Vendas"? Sabe o que ela significa? Pois bem, vou te explicar. O Funil de Vendas nada mais é do que um modelo que separa diversos estágios e estabelece uma estrutura visual de toda a jornada de compra de um cliente em potencial.

Mas você sabe como fazer um Funil de Vendas no WhatsApp? Geralmente, essa é uma prática atrelada ao e-mail marketing, mas essa é uma concepção que precisa ficar para trás. Esse método já vem sendo aplicado através de diversas ferramentas digitais, inclusive o WhatsApp.

Quando se fala de WhatsApp, poucos sabem como aplicar a metodologia do Funil de Vendas no app. Por isso, acompanhe as dicas a seguir, pois elas vão te ajudar bastante:

O topo do funil

Quando o seu lead demonstra interesse pelo que você está oferecendo a ele, ou simplesmente te deu permissão para que você se comunicasse com ele, se encontra no topo do funil. Nesse momento, procure fazer uso de uma linguagem mais cordial, conquiste a confiança dele. Após se conhecerem e criarem uma certa afinidade, é o momento de você procurar saber quais são as necessidades dele.

O meio do funil

Nessa parte você já deve possuir algumas informações sobre o seu lead. Nesse momento do processo do Funil de Vendas você já pode abordá-lo mais intimamente. Procure conversar com ele, chamá-lo pelo nome, perguntar o que ele precisa. Esse tipo de contato ajudará a estreitar os laços entre a sua empresa e o lead.

Procure oferecer materiais gratuitos, isso vai te ajudar a atrair o seu lead para que futuramente ele adquira um dos seus produtos ou serviços. O meio do funil é a parte mais delicada do processo, porque é a hora em que o seu lead vai decidir se compra ou não seu produto ou serviço.

O fundo do funil

Quando seu lead já criou um certo tipo de laço com você, ele provavelmente está no fundo do funil. Ele provavelmente chegou a esse estágio através dos materiais gratuitos que você ofereceu a ele, ou até mesmo através do diálogo.

Agora é o momento clímax, ele já está no fundo do funil, ofereça a ele o seu produto. Porém, procure não fazer isso de qualquer maneira, use uma estratégia. Você pode fazer uso de técnicas de Copyright para persuadi-lo.

Apesar desse cliente ter chegado ao fundo do funil, não se esqueça de procurar fidelizar ele. Não se esqueça de que manter um cliente é muito mais barato do que conseguir novos. Por isso sempre mantenha contato com ele, oferecendo vantagens, conteúdo de qualidade, promoções, entre outras coisas.

Vale sempre ressaltar que as mensagens que você vai enviar para os clientes em todas as etapas do Funil de Vendas devem ser personalizadas de acordo com o interesse e as necessidades deles, você não pode adiantar nem retroceder as etapas, isso vai colocar em risco seu êxito no processo.

CAPÍTULO 9

Como o WhatsApp Status pode alavancar as minhas vendas?

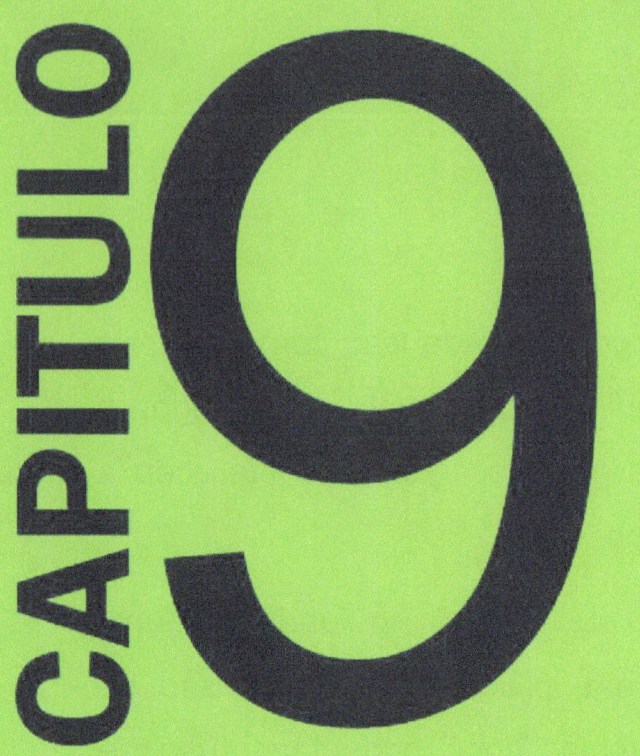

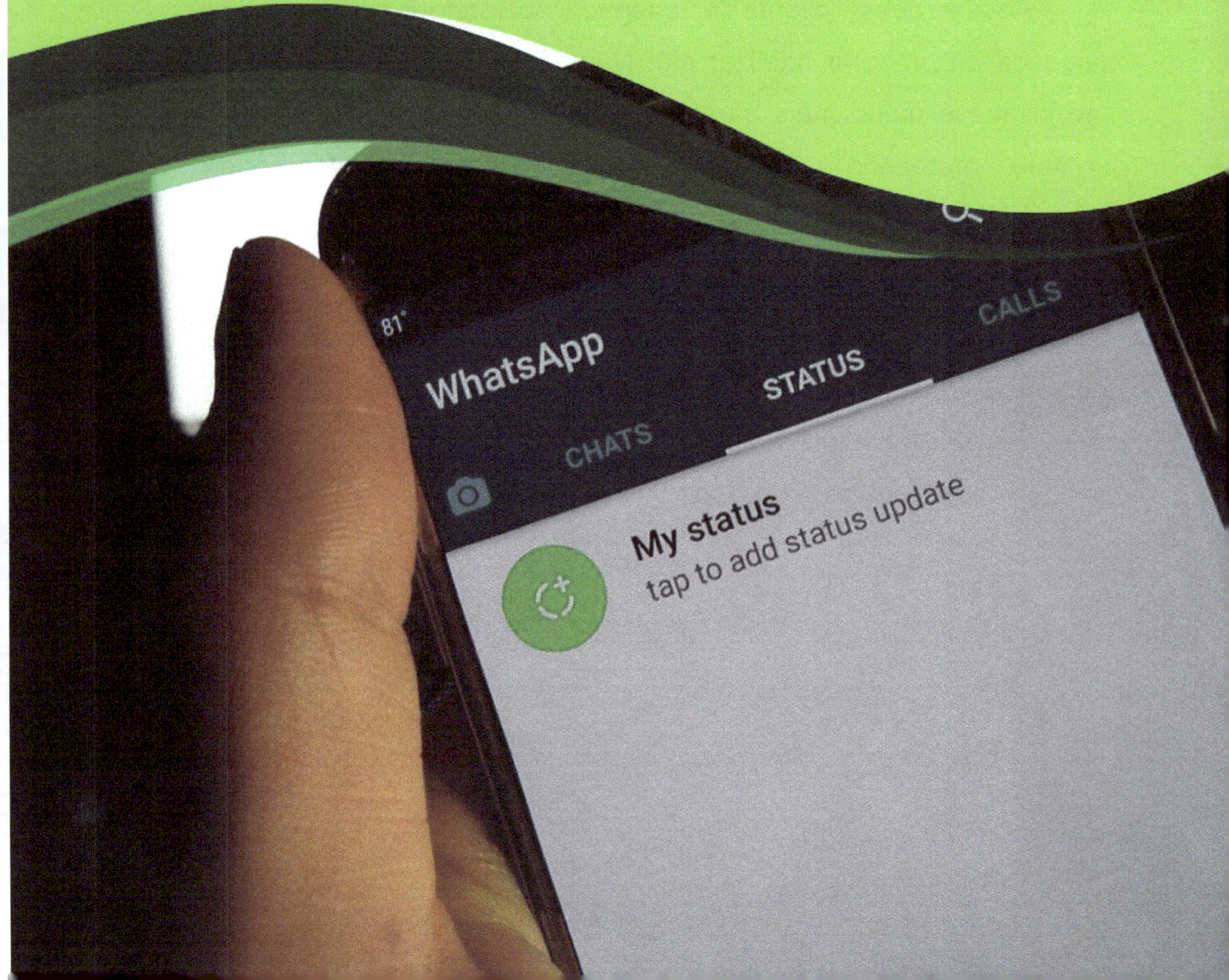

Capítulo 9: Como o WhatsApp Status pode alavancar as minhas vendas?

O WhatsApp Status permite que você compartilhe fotos ou vídeos de curta duração com os seus contatos. O período de compartilhamento é de 24hrs. Essa funcionalidade pode ser muito bem utilizada por diversos empreendimentos, pois pode servir, por exemplo, para divulgar produtos, promoções "relâmpago", ofertas por tempo limitado, entre outros.

Use de maneira atrativa

Se você planeja utilizar os Status do WhatsApp para alavancar as suas vendas, precisa usá-lo de maneira atrativa e criativa. É possível fazer isso de diversas formas.

Você pode mostrar através dos Status que o seu negócio está sempre atualizado, atrair a atenção do seu cliente com promoções e imagens atrativas, fazer vídeos, pedir opiniões, dar descontos especiais a quem contribuir com as suas pesquisas, entre outros. Conheça bem o seu público-alvo e use a sua criatividade para atraí-lo.

Promoções relâmpago e ofertas por tempo limitado

Utilizar os Status do WhatsApp para alavancar suas vendas é possível. Com essa funcionalidade também ficou mais fácil oferecer descontos e ofertas exclusivas para um grupo de contatos. Você pode oferecer ofertas por tempo limitado e promoções relâmpagos para os contatos que você tem salvo.

Você não vai precisar se preocupar com a publicação, pois em 24hrs ela vai ser apagada automaticamente. Essa também é uma boa forma de atrair seus contatos para o conteúdo que você está oferecendo e aumentar as suas vendas.

Imagine que você lance uma promoção que só vai durar 24hrs? Enquanto o status estiver lá, as pessoas podem aproveitar, depois que sair não será mais possível, isso com certeza chamará a atenção do seu público.

Controle de visualizações

Uma das coisas mais interessantes no Status do WhatsApp é

a possibilidade de ver quem visualizou as suas postagens. Você tem um rápido acesso a quem viu suas publicações, a quantidade de pessoas e quem comentar só poderá ser visto por você. Você pode pedir para que os seus clientes lhe enviem dúvidas, sugestões e até mesmo dados de uma forma segura e prática.

Tenha um programa de tratamento de imagens

Ter um programa de tratamento de imagens na hora de publicar um conteúdo é algo relevante. Se você for uma pessoa habilidosa, vai tornar seu conteúdo mais agradável visualmente. Infelizmente o Status do WhatsApp não possui qualquer tipo de filtro. Se você considerar necessário um tratamento especial do seu vídeo ou imagem, o melhor mesmo é instalar um programa especialmente para fazer isso.

CONCLUSÃO

Conclusão

Acredito que depois da leitura desse material, sua visão sobre esse aplicativo deve ter mudado, você descobriu quantas coisas pode fazer e como usar isso a favor do seu empreendimento. Utilizar o WhatsApp Business com a finalidade de fortalecer o marketing da sua empresa é uma das melhores decisões que você já tomou.

Você descobriu que essa ferramenta pode lhe ajudar de diversas formas e que fazendo o uso correto dela, lhe traz diversos benefícios. Saber utilizar bem as ferramentas para o Marketing Digital é um diferencial para qualquer empresa.

Estatísticas de um estudo feito pela The Boston Consulting Group, em parceria com a Google, mostram que até mesmo as principais companhias nacionais estão longe do Marketing Digital. 98% das empresas brasileiras não aproveitam os benefícios do Marketing Digital, diz o Google.

Outra pesquisa mostra que 80% das empresas em nosso país ainda estão em estágios iniciais com relação a utilização do Marketing Digital. Vivemos em uma era onde a informação flui rapidamente através das redes sociais, dos sites e de outros meios de comunicação.

As empresas que não souberem usar as ferramentas digitais ao seu favor, ficarão inevitavelmente atrás das suas concorrentes. Você escolheu a ferramenta certa para se inserir no universo do Marketing Digital. De acordo com uma pesquisa feita pela

Panorama Mobile Time/Opinion Box, ao menos 76% dos brasileiros já fizeram uso do WhatsApp para entrar em contato com empresas.

A maioria das pessoas têm o seu primeiro contato com diversas empresas através das ferramentas digitais. Você não vai ficar para trás, pois aprendeu técnicas valiosas através desse material. Agora possui conhecimento para utilizar o WhatsApp ao seu favor.

Te desejo muito sucesso na sua caminhada como empreendedor. A jornada do empreendedorismo não é fácil, mas com constância, tendo um alvo em mente e aplicando as técnicas fornecidas através desse eBook você alcançará os objetivos que têm proposto em sua mente e será um empresário (a) de sucesso.